4 G 532 (1 à 11)

Paris

Hamy, Ernest-Théodore

Mémoires sur l'histoire de la géographie

---

4 G 532 1 (1887)
La mappemonde d'Angelino Dulcert de Majorque (1339)

4 G 532 2 (1891)
Cresques lo juheu (Note sur un géographe juif catalan)

4 G 532 3 (1889)
Les origines de la cartographie de l'Europe septentrionale

4 G 532 4 (1887)
Notice sur une mappemonde portugaise anonyme de 1502, récemment découverte à Londres

4 G 532 5 (1891)
L'oeuvre géographique des Reinel et la découverte des Moluques... Mémoire lu à l'Académie des inscriptions et Belles-lettres dans sa scéance du 26 juin 1891

4 G 532 6 (1887)
Note sur la mappemonde de Diego Ribero (1529)

4 G 532 7 (1890)
Jean Roze, hydrographe dieppois du milieu du XVI ème siècle

4 G 532 (1 à 11) (suite)

Paris

Hamy, Ernest-Théodore

Mémoires sur l'histoire de la géographie

---

4 G 532 8 (1888)
Note sur une carte marine inédite de Giacoma Russo de Messine (1557)

4 G 532 9 (1888)
Note sur une carte marine inédite de Dominico Vigliarolo (1577)

4 G 532 10 (1878)
Mémoire pour servir à l'Histoire des découvertes géographiques et éthnographiques en océanie

4 G 532 11 (1879)
Cook et Dalrymple

LA MAPPEMONDE

D'ANGELINO DULCERT, DE MAJORQUE

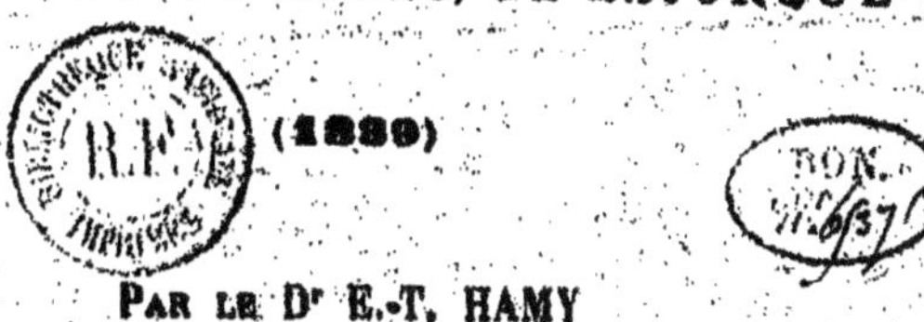

(1339)

PAR LE Dr E.-T. HAMY

(Extrait du *Bulletin de Géographie historique et descriptive* n° 6.)

PARIS

ERNEST LEROUX, ÉDITEUR

28, RUE BONAPARTE, 28

1887

LA MAPPEMONDE

D'ANGELINO DULCERT, DE MAJORQUE

(1339)

Par le Dr E.-T. HAMY

(Extrait du *Bulletin de Géographie historique et descriptive* n° 6.)

PARIS

ERNEST LEROUX, ÉDITEUR

28, RUE BONAPARTE, 28

1887

LA MAPPEMONDE

D'ANGELINO DULCERT, DE MAJORQUE

(1339)

Le xiiᵉ siècle est, dans l'histoire de la navigation, une époque particulièrement intéressante. Enhardis par la découverte des propriétés de l'aimant[1], les marins de la Méditerranée ont renoncé peu à peu aux vieilles routes, péniblement suivies jadis d'île en île ou de cap en cap. La haute mer est désormais ouverte à leurs navires, que guident des boussoles plus ou moins perfectionnées.

Les divers points de l'horizon décomposé en seize, vingt-quatre, enfin trente-deux parties, sont de mieux en mieux observés; l'estime des distances devient de plus en plus familière, et chaque nouveau voyage fournit des renseignements toujours plus exacts sur la longueur et sur la direction des itinéraires parcourus.

On coordonne dans les ports les indications ainsi recueillies par les pilotes; des dessinateurs plus ou moins habiles les consignent sur des cartes spéciales. Bref, l'hydrographie est créée et ses premières œuvres prennent un caractère de précision inconnu jusque-là des géographes[2].

(1) Cf. vicomte de Santarem, *Essai sur l'histoire de la cosmographie et de la cartographie pendant le Moyen Age.* t. I, § 17, p. 272; § 18, p. 280-301. Paris, 1849, in-8; J. Lelewel, *Géographie du Moyen Age.* Bruxelles, 1852, in-8, t. II, p. 15; d'Avezac, *Aperçu historique sur la boussole et ses applications à l'étude des phénomènes du magnétisme terrestre.* (*Bull. Soc. de Géographie,* 4ᵒ sér., t. XIX, p. 355. Avril 1860.)

(2) Ce contraste entre les cartes marines et terrestres est extrêmement frappant. Je rappellerai seulement ici que l'*Apographon* du musée Borgia à Velletri, monument du milieu du xvᵉ siècle, donne à la Méditerranée et aux presqu'îles qui la découpent, des formes complètement erronées, tandis que la carte marine, dite *pisane*, avait attribué aux mêmes régions, cent cinquante ans plus tôt, des contours relativement fort exacts.

Ce sont, croit-on, des Italiens qui ont construit les premières
de ces cartes de navigation, désignées communément sous le
nom de *portulans*. C'est quelque cosmographe ligure ou toscan
qui a dressé, dans la seconde moitié du xiii⁰ siècle [1], la célèbre
carte anonyme, connue sous le nom de *carte pisane* [2]. C'est un
Génois, Pietro Visconte, qui a tracé à Venise en 1311, le plus
ancien de ces précieux monuments qui soit parvenu jusqu'à nous
à la fois daté et signé [3].

D'autres Génois, des Vénitiens, etc., parmi lesquels on doit
citer principalement les frères Pizzigani, Pasquallini, Francisco
de Cesaris, Giacomo Giraldi, Battista Beccario, etc., etc., pour-
suivent les travaux de Visconte. Ancône produit les Benincasa
et les Freducci. Plus tard, on trouve des fabricants de cartes à
Palerme, à Messine, à Naples, à Livourne, à Raguse, etc.

Les Catalans, qui avaient une flotte dès 1118 [4], ont possédé
aussi de fort bonne heure des cosmographes expérimentés.
Il existerait, suivant Jomard [5], « une carte de Majorque de
l'an 1323 » postérieure de douze ans seulement, par conséquent,
à la première carte de Visconte, et M. Lesouef vient de découvrir
une mappemonde, exécutée à Majorque en août 1339, par un

(1) Il est fait allusion, dans quelques écrits, à une carte marine qui se
garderait à Venise dans la bibliothèque de Saint-Marc et à laquelle on a
parfois attribué comme date le commencement du xiii⁰ siècle. (Cf. Vivien de
Saint-Martin, p. 294.) Les cartes de Giovanni da Carignano, recteur de Saint-
Marc de Venise, sont en partie plus anciennes que celles de Visconte, mais
elles ne sont pas datées. (Cf. *Fac simile del Planisphero di Prete Giovanni
da Carignano di Genova del XIV secolo*, illustrado da Teobaldo Fischer (l'originale si conserva nel R. Arch. di Stato di Firenze. Venezia, Ongania, 1881, atl.
in-f⁰ obl.)

(2) Cette carte, qui se conserve à la bibliothèque nationale, est bien anté-
rieure à la carte de Visconte de 1311, dont il est question ci-dessous. L'état
des connaissances qu'elle révèle en ce qui concerne le littoral atlantique
de l'Espagne, de la France, etc., démontre qu'elle est, à coup sûr, sensi-
blement plus ancienne que Jomard ne le présumait. (Cf. Jomard, *Intro-
duction à l'Atlas des monuments de la Géographie*, Paris, 1879, br. in-8°,
p. 41.) Je crois pouvoir la faire remonter à la fin du xiii⁰ siècle.

(3) Cf. *Fac simile della carta nautica di Pietro Visconte di Genova
dell' anno 1311*, illustrado da Teobaldo Fischer (l'originale si conserva nel
R. Arch. di Stato di Firenze. Venezia, Ongania, 1881, atl. in-f⁰ obl.)

(4) Cf. Capmany, *Coleccion Diplomatica*, n° 1. (*Memorias historicas*, etc.,
vol. II, p., 1-2, Madrid, 1779, in-4.)

(5) Jomard, *op. cit.*, p. 40.

certain Angelino Dulcert [1], et qui prouve qu'à cette date les cosmographes catalans n'avaient absolument rien à apprendre des Italiens.

C'est cet important document, reproduit en fac-similé avec la plus grande exactitude, par les soins du savant bibliophile qui le possède, que je présente à la section de géographie du Comité des Travaux Historiques.

Qu'il me soit permis d'accompagner cette présentation de quelques courtes observations, qui fassent nettement ressortir les traits les plus remarquables du monument géographique ainsi placé sous nos yeux.

Ce qui frappe tout d'abord l'attention, lorsque l'on déroule ce planisphère, qui mesure $1^m,04$ de large, sur 75 centimètres de haut, c'est l'étendue, relativement très considérable, des terres dont il embrasse la description.

Le planisphère de 1339 dessine en effet les côtes Atlantiques depuis le nord des Pays Scandinaves, qu'habitent des ours blancs, vivant de poissons crus [2], et les îles Orcades (*Insula Orchania*) et Shetland (*Insula Sertiland*) [3], jusqu'à Tafouelli (*Felle*), non loin du cap Mirik, au sud de la baie d'Arguin [4] et jusqu'aux Canaries [5].

De l'ouest à l'est, il s'étend des îles de S. Brandan (*insulle*

---

[1] Il est signé dans son angle supérieur droit de la manière suivante :

> *Hoc opus fecit angelino Dulcert*
> *ano M° CCC° XXXVIIIJ de mense augusti*
> *in ciuitate maioricarum*

Ce nom de Dulcert est, jusqu'à présent, tout à fait inconnu des historiens de la géographie. On peut seulement assurer qu'il rentre, par sa forme, dans une catégorie de noms majorcains très souvent mentionnés dans les plus anciens actes relatifs à l'histoire de l'île.

(2) *Hic sunt ursi | albi et comedunt | pisces crudos*, dit une inscription placée près d'une citadelle appelée *Alogia* (Alesund?)

(3) L'*Insula Chalenes*, que l'on lit plus haut encore, ne saurait être considérée comme l'équivalent de la Thulé de l'antiquité, ainsi que Tastu et Buchon l'ont admis; ce n'est autre chose que le comté de *Cailhness*, transformé en île et rejeté, par erreur, dans le haut Nord.

(4) Ce mot *Felle* se trouve, chez les Pizzigani, en contact avec le mot *Ganuya*, et J. Lelewel a proposé de traduire *Felle Ganuya* par *perfide* ou *méchante Guinée!* (T. II, p. 50.) Le *la* de Tafouelli, ici rapproché de *Felle*, n'est qu'un article féminin.

(5) Deux de ces îles seulement sont figurées sur notre carte. La première au Nord, peinte aux armes de Gênes, porte la légende *Insula de lanzarotus marocelus* (île de Lancelot Maloisel) et la seconde *la forte ventura* (île Fortaven-

Sci Brandani sive puelarum), *Primaria*, *Capracia*, *Canaria*, dont
la nomenclature est empruntée à Isidore de Séville et qui occu-
pent à peu près la place du groupe de Madère, jusqu'à la Perse
(*Persia*), la mer de Bakou ou Caspienne (*mare de Bacu sive Cas-
pium*) et l'empire des Ouzbegs [1].

C'est, comme on le voit, toute une représentation du monde
connu des Européens, avant Marco Polo, dont le *livre des mer-
veilles*, antérieur d'une quarantaine d'années seulement, n'était
pas encore répandu.

C'est de plus, non pas un simple portulan, mais une mappemonde à la fois terrestre et marine et dont les continents sont
coupés de lignes de fleuves et de montagnes, chargés d'inscriptions, de dessins, de drapeaux, tandis que le long des rivages
s'entassent d'interminables alignements de noms de ports, de
caps, de baies, etc.

Drapeaux, dessins et inscriptions, sont d'ailleurs dans le style
que vont conserver pendant deux siècles, jusqu'à l'extinction de
l'école catalane, les œuvres géographiques sorties des ateliers de
Barcelone, de Majorque, etc. Il est d'ailleurs très remarquable
que Dulcert ait tracé, dès 1339, les trente-deux rhumbs de vents
que les Italiens passaient pour avoir, les premiers, inscrits sur
une carte nautique [2].

Il faudrait tout un volume pour analyser avec les détails né-
cessaires, cette remarquable mise en scène de la science géographique majorcaine au commencement du xive siècle. Je me
bornerai à reproduire, dans cette notice préliminaire, à titre de
spécimen, la nomenclature que Dulcert a inscrite le long de nos

ture). Entre les deux on lit sur un Ilot *...iegi marini*. Ces curieux renseigne-
ments proviennent manifestement du voyage exécuté aux Canaries par Lancelot
Maloisel, un Génois d'origine française, à la fin du xiie siècle. (Cf. d'Avezac,
*Notice des découvertes faites au moyen âge dans l'Océan Atlantique, antérieu-
rement aux grandes explorations portugaises du xve siècle*. Paris, Pain et
Thunot, 1845, p. 47 et suiv.)

(1) *Hic dominatur Usbech dominus et imperator de Sara*, dit la légende.

(2) D'Avezac admettait du reste que l'usage de la rose de 32 vents était
répandu dès 1286 chez les marins de la Méditerranée. La carte de Dulcert
reste néanmoins, dans l'état actuel de nos connaissances, le plus ancien document qui présente cette rose, si le planisphère non daté de Giovanni da Carignano n'est pas antérieur à 1339, comme M. Desimoni le suppose, Giovanni
est mort en 1344 et a vécu par conséquent cinq années encore après la
confection de notre mappemonde.

côtes françaises, en la comparant mot à mot à celle de l'atlas de 1375, telle qu'on la trouve dans la belle édition qu'en a récemment publiée M. Léopold Delisle [1].

On lit d'abord le long du littoral, au nord de l'embouchure de la Seine, les noms suivants :

Dulcert (1339)	Atlas catalan (1375)	Cartes modernes
. . . .	Doncherch	Dunkerque
Grauelinges	Grauelinges	Gravelines
Calles	Calles	Calais
Guinsant	Guinsant	Wissant [2]
Bollogna	Bellogna	Boulogne
Stapes	Stapes	Étaples
Suma	Sommam	Somme, riv.
Vuaban	Vuabam	Waben [3]
Diepa	Diepa	Dieppe
Fecamp	Fecanp	Fécamp
Ce de Caus	Cadecaur	Chef-de-Caux
Loyra	Oyra	L'Eure (Le Havre)

Puis en remontant le cours de la Seine, on trouve successivement *Ruam* (*Roam*, Atl. Cat.) Rouen ; *Parixius* (*Pariss.* Atl. Cat.) Paris, avec une double image de ville occupant les deux bords du fleuve et surmontée d'un grand drapeau semé de fleurs de lis, planté sur la rive gauche et orienté vers le sud ; puis *Bar-su-Sayna* (Bar-sur-Seine), *fl. Sayna* (Seine fl.), *Campania* (Champagne), *fl. Marne* (Marne fl.), enfin *fl. Crauant* (la rivière de Cravant, l'Yonne [4]).

Près de *Parixius*, on peut lire *Regnom Franchorum* et un peu plus loin à l'est, sous une image de ville, le mot *Costancia*, Coutances.

En reprenant la ligne des côtes au sud de l'embouchure de la Seine, on rencontre :

(1) *Choix de documents géographiques conservés à la Bibliothèque nationale*. Paris, 1883, in-fol.

(2) Et non pas Guines, qui est à l'intérieur des terres.

(3) Village maritime de l'arrondissement de Montreuil. Buchon et Tastu qui identifiaient *Guinsant* à Guines proposent de chercher *Vuabam* à Eu !

(4) Il y avait dans l'atlas catalan le mot *Travant* inscrit tout seul entre l'Yonne et la Loire et par là même incompréhensible.

Dulcert (1339)	Atlas catalan (1375)	Cartes modernes.
Chiriboy	Chiribey	Quillebœuf
Onefro	Onefroy	Honfleur
Gofard	Gofart	Banc d'Amfard
Toca	Toca	Touque, riv.
Cam	Cam	Caen
Ostram	Ostran	Ouistreham
San Marcho	San Marco	S. Marcouf
Cheriborg	Cheriborg	Cherbourg
Cur de Laaga	Cur de Laga	Cap de la Hague
G. de Sammalo	Golfo de Sa-Malo	G. de Saint-Malo
San Malo	San Malo	Saint-Malo
Laroza	La Rossa	Les Rosaires
Raxenbriach	Rasanbriach	Raz Saint-Brieuc
Sanguindazo	Sanguindauzo	Saint-Gildas
Meliana	Meliana	La Méloine
Basso	Basso	I. de Batz
Barbarach	Barbarach	Havre d'Abbrevrak
Pozao	Porzao	Roches de Porsal
Moleto	Moleto	I. de Molette
. . . .	Forno	Chenal du Four
San Mae	San Mae	Pointe Saint-Mahé
Brest	Brest	Brest
Craudon	Claudon	Crodon
Cauo de Fontanao	Cauo de Fontanao	Raz Fonteneau
Odierna	Udierna	Audierne
Stoch de Pomarch	Stoc de Penmarch	Etocs de Penmark
. . . .	Benaudet	Benaudet, riv.
Cuncheto	Cunchet	Concarneau
Porto Broeto	Port Broet	Port-Louis (?)
Garanda	Garanda	Guérande
San Nazar	Sannazar	Saint-Nazaire
Nantes	Nantes	Nantes

Le long de la Loire en amont de Nantes, ornée d'un drapeau
tout semblable à celui de l'Atlas catalan, sont inscrits *fl. Leria*
(Loire fl.), et *Carites* (la Charité-sur-Loire).

On lit encore au sud du fleuve, *Pitaus* (Poitiers), avec une
image de ville, *Limosim*, le Limousin et *Carcases*, qui est peut-
être Carcassonne, fortement déplacée dans la direction du nord.

En revenant au littoral, après cette nouvelle course dans l'intérieur du pays, nous rencontrons :

Dulcert (1339)	Atlas catalan (1375)	Cartes modernes
Goleto	Golet	Goulene (?)
Normoster	Normostar	Noirmoutier
Sangilli	Sangilli	Saint-Gilles-sur-Vie
Tor de Lona	Tordelona	Tour d'Olone (Sables-d'Olonne)
San Micer	San Micer	St-Michel-en-Lherm
Maranta	Maranta	Marans
Plonbo	Plunbo	Le Plomb
Rocella	Rocella	La Rochelle
Chiranta	Chiranda	Charente, riv.
Zapuzo	Zapuzo	Soubise
Maumeson	Maumesom	Pertuis de Maumusson
Roanj	Roanj	Royan
Talamo	Talamon	Talmont - sur - Gironde
Burgo	Bargo	Bourg-sur-Gironde
Gironda	Garona	Gironde, fl.
Bordeus	Bordeus	Bordeaux
Normanda	Mormanda	Marmande
Tolossa	Tollossa	Toulouse
Monts Pireney	. . . .	Monts Pyrénées
Sea Maria de Solach	Sea Maria de Solach	Soulac
Archixon	Archix[on]	Arcachon
Baiona de Gascogna	Baona de Gascogna	Bayonne
San Joham	San Johan	Saint-Jean-de-Luz

Les îles inscrites le long des côtes que nous venons de parcourir, sont du sud au nord :

Dulcert (1339)	Atlas catalan (1375)	Cartes modernes
Cordan	Cordan	Tour de Cordouan
Larom	Layron	I. d'Oleron
Rey	Rey	I. de Ré
Hoya	Hoya	I. d'Yeu
Labaya	Labaya	Noirmoutier (l'Abbaye)

Dulcert (1339)	Atlas catalan (1375)	Cartes modernes.
Belila	Balila	Belle-Ile
Groya	Groya	I. de Groix
Granan	Granan	I. de Glenan
Sein	Sein	I. de Sein
Uxent	(Effacé)	I. d'Ouessant
Rochtona	Rochtona	Jersey
Granexa	Granexe	Guernesey
Gaschets	Gaschets	Les Casquets
Ranuy	Ranuy	Aurigny.

On remarquera que suivant l'usage, toujours suivi par les cartographes du moyen âge, ces noms d'îles sont écrits par Dulcert, comme par l'auteur de l'Atlas, en sens inverse de ceux qui se lisent sur la terre ferme voisine.

La toponymie de nos côtes de l'Océan offre, on le voit, bien peu de variantes de l'un des monuments à l'autre, et sur ce long espace, deux noms seulement ont été ajoutés de 1339 à 1375. Le littoral méditerranéen porte une nomenclature non moins fixe. Je la transcris, en suivant comme précédemment le sens des écritures qui, ayant contourné toute la péninsule ibérique vers l'ouest, puis le sud, reviennent en se serrant le long des sinuosités des côtes vers le nord et vers l'est. On lit entre les Pyrénées et le Rhône :

Dulcert (1339)	Atlas catalan (1375)	Cartes modernes
Linzan	Linzan	Lanza
Poruenre	Portuenre	Port-Vendres
Coliura	Copliura	Collioure
Sasse	Salses	Salces
Leocata	Leocata	Leucate
Nerbona	Nerbona	Narbonne
Sanper	Sanper	Saint-Pierre
Sirignan	Serigna	Sérignan
Agde	Agde	Agde
C. de Seta	Cap de Seta	C. de Cette
Magalona	Magalona	Maguelonne
Lates	Lates	Lates
Monpesler [1]	Monpesler	Montpellier
Aquemorte	Aygues Mortes	Aigues-Mortes

(1) Montpellier et Narbonne portent leur étendard armorié.

Le Rhône se présente alors, *lo Royne*.

On voit sur la rive gauche, *Arle* (Arles), *Vignom* (Avignon) avec une image de ville [1]; *Vienna* (Vienne en Dauphiné), puis au confluent de la Saône, *Leon sus le Roy[ne]* (Lyon), et plus haut *Burgondia*, la Bourgogne, et [*Ch*]*alons* (?) que remplace *Dion* (Dijon) dans l'Atlas catalan, enfin le lac Léman ou de Lausanne (*Lacus usane*), le cours supérieur du Rhône (*fl. Rosse*) et Martigny (*Martigni*).

Entre le Rhône et les Alpes on distingue les localités suivantes:

Dulcert (1339)	Atlas catalan (1375)	Cartes modernes
Odor	Odor	Roque de Dour
Bocori	Boc	Bouc
Colone	Collone	C. et P. Couronne
Marscia	Mascla	Marseille
Pormir	Portmu	Port-Miou
Aquille	Aquilles	Bec-de-l'Aigle
Bendormi	Bendormi	Bandol
San Nazar	San Nazar	Saint-Nazaire
Telom	Telom	Toulon
Calabazaira	Calabazaira	C. de Scampebariou?
Ere	Eres	Hyères
Bennar	B.	C. Bénat
Aromi (?)	Aron. . .	Bormes (?)
Frasnes	Frasne	Garde-de-Frainet
G. de Frezur	G. de Fre[zur]	Golfe de Fréjus
Frezur	Frezur	Fréjus
Agam	Agam	P. d'Agay
Sca Margalita	Scâ Margallita	Sainte-Marguerite
Galopa	Gallopa '	C. de la Garoupe
. . . .	Antiueri	Antibes
Var	Var	Var
Nisa	Nisa	Nice
Ori[n]ori	Orinori	(?)
Monago	Monago	Monaco

(1) Pas plus que dans l'Atlas catalan, Avignon n'arbore d'étendard, quoique les raisons invoquées par J. Tastu pour expliquer cette absence chez l'anonyme, soient tout à fait sans force, appliquées à un géographe de 1339 (*op. cit.*, p. 51).

(2) On remarquera, en passant, cette tendance de l'anonyme de 1375 à

L'extrême ressemblance des deux monuments se retrouverait presque partout ailleurs dans la nomenclature géographique, les contours, parfois tout conventionnels, des côtes ou des îles, la forme et la direction des montagnes et des fleuves, les emplacements des images de villes et les couleurs des drapeaux armoriés qu'elles déploient.

Mais les légendes diffèrent par leur nombre et leur développement relatif. Dulcert disposant, par exemple, d'un peu de place au pied des *Alpes Allamanie*, y a étalé en huit longues lignes, l'éloge de l'Italie, qui manque à l'anonyme. Dans l'angle supérieur gauche de sa carte, il a décrit l'Irlande et la Norvège en un fort mauvais latin, que l'anonyme a presque littéralement traduit en catalan. En revanche, il lui manque la longue légende des îles Fortunées, expliquée par Tastu[1], celle bien plus curieuse qui constate, dans l'anonyme, la visite de Jacme Ferrer, à la rivière de l'Or (*al riu de lor*)[2] une partie de celle des limites d'Afrique, etc., etc.

Les indications relatives au Sahara et à la Nigritie sont d'ailleurs bien moins détaillées. Au sud d'un Atlas (*mons Athlans*, identique dans les deux cartes et qui se retrouvera tel quel pendant plus de deux siècles, dans les œuvres de l'école, on voit une longue ligne côtière, légèrement rentrante, qui correspond sans aucun doute, aux rivages étendus entre le cap Noun (*Caput de Non*) et le Tafouelli (*Felle*).

Tota ista riperia maris, dit Dulcert, *est deserta nisi a pescatores.*

La célèbre passe du Dahra, dans l'Atlas marocain, est connue de notre géographe qui la nomme Vallée de Sous.

> *Valle de Sus, hec est via*
> *pro ire al teram nigrorom.*

La Guinée (*Gonuya*) à laquelle conduit cette passe, au delà

---

doubler les consonnes. Là où Dulcert écrit *suma, laroza, colone, Sol margalita, galopa*, etc., il orthographie *sommam, larossa, collone, Sça margallita, gallopa*, etc.

(1) *Notice d'un atlas en langue catalane, manuscrit de l'an 1375, conservé parmi les manuscrits de la bibliothèque royale sous le numéro 6816 fonds ancien, in-folio maximo, par MM. J.-A.-C. Buchon et L. Tastu. Paris, Imp. Roy., 1839, in-4, p. 73.*

(2) Cette expédition n'a eu lieu qu'en 1346, sept ans après la confection de la mappemonde de Dulcert.

d'un mont où perche *Tabeibert* (Tabelbalet), est ainsi sommaire-
ment décrite :

GANUYA. *Regio septem montium hec Ganuya || dicitur. Issa est
tera nigrorom que pro maiori || parte est arenosa et deserta pro
aquas. || Tera nigrorom hec est Ganuya.*

A gauche de cette légende, on voit la ville de *Tachorum*
(Tekrour) ; au nord, *Sigelmessa* (Sidjilmâsa d'Edrisi, Sigermesa
de Giovanni da Carignano) entourée d'eau, *Castron de Tagen-
duhet* (Taragulel, de Sanson) sur le fleuve de *Dara* (O. Draâ),
puis *Buda* (Bouda)[1], et au sud *Huletem*[2] (Oualata, Iwalâten).

Alors se présente le portrait du roi de Melli, dans l'attitude
que lui a conservée l'auteur de l'Atlas catalan.

*Iste Rex saracenus dominatur tota arenosa || et habet mineries
auro in masima || habundancia. Rex Melly.*

Plus loin, à l'est se voit le *Regnom de Orgena* (Ouargla, Warge-
len) avec sa capitale surmontée d'un drapeau qui porte l'image
d'un dattier ; *Tausser* et *Tacort* représentent bien, au nord d'*Orgena*, Tozeur et Tougourt, et l'on voit sur une montagne : *Castro
calif elchibir*, qui pourrait bien être le Kef.

ORGENA. *Iste Rex saracenus permanet senper in guera || com
saracenis maritimis silicet tun[isiis] || Tera nigrorum qua senper ||
radunt nudi et sine aliqua || vestimenta.*

Cette légende est inscrite entre deux figures d'hommes nus et
barbus qui n'ont absolument rien de nigritique. Vêtus, quoiqu'en
dise la légende, d'un court caleçon, ils conduisent en laisse un
chameau et une autruche assez exactement dessinés.

NUBIA *saracenorum*, dit un autre texte placé à côté d'une
grande ville désignée sous le nom de *Regnom de Tilimissem*[3]. *Iste
Rex saracenus habet continuo || gueram com christianos nubie et
ethiopie || qui sunt sub dominio prest Jane christianus niger.*

Le Nil (*flumen Nil*), sépare cette Nubie musulmane de la Nubie

---

(1) Bouda, oasis du Touat, l'un des centres les plus anciens de la région,
suivant M. H. Duveyrier.

(2) C'est la localité désignée sous le nom de *Eulezem* dans le planisphère
de Giovanni da Carignano (Cf. Th. Fischer. *Sammlung mittelalterlicher Welt
und Seekarten Italienischen Ursprung und aus italienischen Bibliotheken und
Archiven*. Venedig, Ongania, 1886, in-8°, p. 121).

(3) Est-ce un double emploi de Tlemcen déjà inscrit à sa vraie place, ou
faut-il y voir l'oasis de Temissa ?

chrétienne, toute couverte de triples croix et où les villes de *Sobaa, Dobaa, Coale, Soam*[1], *Vrma* et *Donchola*, entourent une inscription incomplètement conservée, où je déchiffre :

NUBIA. || *Scias que ethiopia habet* || *imperatorem* || *qui veneratur....* || *Id est servus crucis etiam* || *habet lxxij reges sub se.*

Les autres légendes sur l'Égypte, la mer Rouge, la Mecque, le golfe Persique, la Perse, diffèrent assez peu de celles de l'Atlas de 1375, et par là même, offrent moins d'intérêt.

La cinquième carte de l'Atlas catalan ressemble, en effet, considérablement à la portion la plus orientale de la carte de Dulcert, à laquelle elle n'ajoute guère que des renseignements erronés sur le sud-est de la Caspienne et le prétendu fleuve parallèle à l'Euphrate et au Tigre, que son auteur fait descendre des lacs imaginaires d'Argis et de Marga. C'est dans la sixième carte de l'Atlas, qu'il faut surtout chercher les innovations introduites dans la cartographie de l'Orient par la divulgation des récits de Marco Polo.

En résumé le monument géographique que nous venons d'examiner rapidement, assure provisoirement du moins, à l'école catalane, dont il vieillit de trente-six ans les premiers travaux, la priorité de la construction des véritables mappemondes à la fois terrestres et maritimes[2]. Il montre, en outre, qu'en 1339 les connaissances des géographes de Majorque étaient aussi avancées que possible dans toutes les directions (Marco Polo étant encore à peu près inédit) ; qu'ils possédaient des données relativement exactes sur les côtes Océaniques, entre la Scandinavie et le sud de la baie d'Arguin, où les Portugais ne devaient arriver que cent sept ans plus tard ; enfin qu'ils plaçaient à peu près exactement sur leurs cartes le golfe Persique et la Caspienne.

(1) La plupart de ces noms se retrouvent dans les mêmes régions jusque sur les cartes d'Éthiopie du dernier siècle. *Sobaa* paraît bien correspondre à Soba, dont les ruines ont été retrouvées sur les bords du Nil Bleu, un peu en amont de Khartoum ; *Dobaa* serait peut-être Dabbe, *Coale*, qui veut dire *la Noire* en arabe, est introuvable dans les cartes modernes ; il en est de même d'*Vrma* ; *Soam* est Assouan, *Donchola*, Dongolah.

(2) Je renouvelle toutefois ici les réserves déjà faites à propos du petit planisphère de Giovanni da Carignano, dont la date reste indécise. L'intérieur des terres y est, en effet, couvert d'une quantité d'indications d'un type assez différent d'ailleurs de celui qu'ont adopté les cartographes catalans.

Ajoutons en terminant que la mappemonde de Dulcert est une preuve de plus en faveur de l'ancienneté des navigations génoises dans l'Atlantique, où elle nous montre pour la première fois la croix de Gênes peinte sur l'île découverte par Lancelot Maloizel, à la fin du XIIIe siècle.

ANGERS, IMPRIMERIE BURDIN ET Cie, RUE GARNIER, 4.

ANGERS, IMP. BURDIN ET Cⁱᵉ, RUE GARNIER, 4.